느낌

대표 영상 노래 QR 스캔하여 감상하기

창작동네 시인선 185

느낌

인　쇄 : 초판인쇄 2024년 10월 10일
지은이 : 이서영
펴낸이 : 윤기영
편집장 : 정설연
펴낸곳 : 노트북 출판사_ 등록 : 제 305-2012-000048호
본　사 : 서울시 동대문구 사가정로 256-4호 나동B101
전　화 : 070-8887-8233 팩시밀리 02-844-5756 HP : 010-8263-8233
이메일 : hdpoem55@hanmail.net
판　형 : 신한국판형 P128 130-210

2024. 10_느낌_이서영 제5집

정　가 : 10,000원

ISBN : 979-11-88856-88-6-03810

*저자와의 협의로 인지는 생략합니다.
*잘못된 책은 교환해 드립니다.

창작동네시인선 185

느낌

이서영 시집

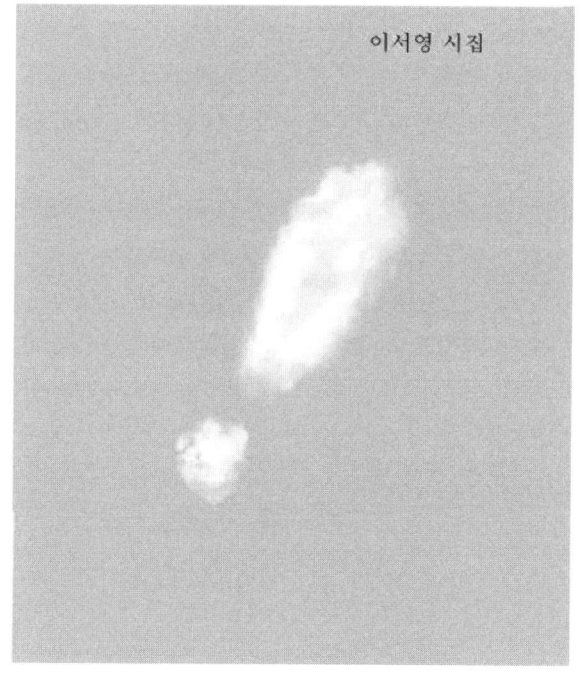

창작동네 시인선

저자의 말
성취하는 삶

 우주만물 속에 공존하는 시간과 공간 속에 살아가는 순간마다 엮어가는 삶의 파노라마가 문학과 예술로 승화되는 성취감을 느껴보는 환갑도 지난 나이에 자부심 느끼며 커가는 손자의 재롱에 웃어봅니다. 저는 파도소리 들려오는 완도에서 태어나 학창시절을 보내고 도시로 올라와서 펼쳐지는 삶의 테마 속에 세월이 흘러 오늘날 시인으로 등단한지 10년 되는 뜻 깊은 흔적에 흐뭇한 미소 담아 제5시집 '느낌'으로 전해드립니다.

 나라의 역사는 역사책에 있고 제가 살아온 흔적은 저의 시집에 곱게 단장하여 시향기로 전하는 마음과 마음이 느끼는 바른 삶을 지향하는 평화로운 세상 되기를 외치는 소리마다 아름답게 전파되기를 기도하며 하나님의 말씀이 버팀목 되어 든든한 미래가 보장되는 내일을 맞이합니다.

 변해가는 세월 속에 무에서 유를 창조하는 먹빛이 마르기 전에 써내려간 순수문학의 바탕은 자연과 어우러진 생태계와 전쟁이 없는 평화로운 세상 위해 기도합니다. 환경오염으로 지구촌 재해로 어둠의 장막이 우리 앞에 휘몰아치는 순간마다 인간의 나약함을 새삼스럽게 느껴지는 우리들은 자연 앞에 겸손하게 서로 사랑하며 자연과 사람이 아름답게 살아가는 세상을 시향기로 외치는 사명이 있으니 믿음과 소망과 사랑으로 살아가야합니다.

 언어의 품격으로 발전하는 삶의 가치는 흔적마다 새겨진 성실한 공든 탑이 솟아오른 빛나는 뭇별들이 살기 좋은 세상 만들어 가는 우리 모두는 소중한 존재감으로 신체적 정신적으로 건강하고 알차게 머무른 곳마다 사랑으로 행복하기를 기도드리며 저의 이름 이서영(개명전 이순복)으로 2008년도에 예쁜 이름 개명했더니 새롭게 건설한 아파트처럼 삶의 영향력이 달라지는 세련된 느낌입니다.

 저에게 날개 달아주신 윤기영 대표님과 정설연 편집장님께 감사드립니다. 지난 세월 출간했던 저의 1시집 아리아를 부르는 해바라기. 제2집 이서영 창작노트. 제3시집 부활의 소나타 제4시집 나의 삶 가꾸기 제5시집 느낌 포함하여 오감과 심오함으로 전하는 흔적마다 일상 속에 피어나는 미소 담았으니 공감하시고 치유되는 건강한 삶 되십시오. 오산센트럴푸르지오 우리아파트에서 시향기로 전해드립니다.

                   2024년 10월 저자 이서영 시인

차 례

1부. 위대한 문학

012...평화를 위한 찬미
013...위대한 문학
014...그대가 말하는 느낌
015...고목나무의 일생
016...그대 가슴에 꽃이 피면
017...원초적 바탕
018...순간 포착
019...살아있는 물
020...삶의 품격
021...햇살과의 만남
022...5월의 푸른 꿈
023...명상 속의 평화
024...천사의 향기
025...아들의 교육
026...대왕마마
027...무엇을 그릴까
028...힐링 열차
029...장맛비에 우리는
030...날개 달린 문학
031...사랑의 밧줄
032...꿈처럼 바람처럼
033...지혜로운 발상
034...가을로 가는 행진곡
035...오른손 왼손
036...그대와 함께라면
038...천하무적
039...가을 날개옷

2부. 애증의 언덕

042...물의 나라 여왕
043...어머니의 파노라마
044...애증의 언덕
045...햇살 좋은 아름드리
046...황제가 다스리는 세상
047...귀티 나는 세상
048...긴요한 하우스
050...진실한 사랑은 비전이다
051...생각의 바탕
052...찬비 내린 스타카토
053...영원한 사랑
054...에로스와 아가페
055...별들의 디딤돌
056...순수 예술
057...가문의 영광
058...12월의 희나리
059...사랑하는 손자가 태어나
060...흘러가는 물처061
061...대학교 총동문회 시담
062...사랑으로 우리에게
063...균형과 조화
064...새해 날마다
065...지구촌 컨디션
066...그댄 나에게
067...봄이 열린 전주곡

3부. 마음 속의 정원

070...포근한 아우라
071...꽃에 반한 겨울바람
072...만물박사도 알 수 없는 것
074...봄과 겨울 사이의 빛깔
075...마음속의 정원
076...시각적 오감
077...빛나는 흔적
078...맥락을 타는 숨결
079...포물선 안에서
080...새싹 백일 날의 놀이
081...목련이 조각구름 되어
082...아들의 봄날
084...시간과 공간
085...시선집중 봄꽃
086...세련된 시골
087...하늘과 땅 사이
088...몸살 극복
090...사랑을 위한 스케치
091...천국가신 어머니
092...오월의 뉘앙스
094...내 반쪽의 생일 63주년
095...꽃의 미학
096...내 몸의 신호등
097...타오르는 열정
098...회복되는 기적
099...매력 포인트 우리나라

4부. 희망의 불꽃

102...웃음꽃 가족여행
103...지구 온난화로 점점
104...내 사랑은 햇살처럼
105...희망의 불꽃
106...느낌
107...마음의 창이 열리면
108...햇살과 소나기
110...든든한 은행
111...여름날의 하모니
112...하늘빛 시간여행
113...칵테일 사랑
114...네모와 세모 속 동그라미
115...생명의 양식

5부. 나의 삶 가꾸기

118...찻잔엔 가을이 머무른다
119...여름날의 푸른 꿈
120...나는 떡갈나무
121...오묘한 스타일
122...파라다이스
123...이런 날엔
124...천상의 보물 상자
125...그댄 내 입술의 꿀
126...가을 속의 책갈피
127...나의 삶 가꾸기

1부. 위대한 문학

보이는 것은 알 수 있지만
보이지 않는 사람 속은
아리송하여 알 수가 없다

위대한 문학 중

평화를 위한 찬미

오르락 내리락 고갯길 따라
푸른 숲속 새들이 노래하는
꿈꾸는 동산에서
그대와 나 한마음으로
내일을 위해 노래 부른다

넓은 바다에서 불어오는
평화로운 바람은
살아가는 흔적이 되어
나라를 위한 영혼의 넋두리가
소리 없는 슬픔 되어
부서지는 파도가
평화롭게 흩어지는 오늘

배려하고 양보하는 위대함으로
갈등은 사랑이 되어
마음과 마음이 만나는
평화로운 세상에서
그대와 나 함께하는
지구촌의 아침은
꽃피는 봄날

위대한 문학

하늘 문이 열리고 기를 받아
살아가는 모든 것은
조화롭게 어울려 진다

보이는 것은 알 수 있지만
보이지 않는 사람 속은
아리송하여 알 수가 없다

그럴 때 마다 사랑의 묘약처럼
다가오는 문학의 위대함으로
사상과 감정을 예술적 파노라마로
꽃을 피우니 세상이 아름답다

서로 부딪히는 감정도
함축적 비유로 지지고 볶았더니
오묘한 와인 맛이 느껴지는
밝은 세상 창조되어 얼싸안고
잃어버린 사랑이
솟아오른 세상 속에
무에서 유를 창조 한다

이서영

그대가 말하는 느낌

햇살 아래 찬 겨울이 지나가고
봄을 맞이하는 앙상한 나뭇가지엔
연둣빛 여린 입술이 반짝 인다

지난여름과 가을에 열정 태워
선한 가슴으로 산소를 만들더니
숨 쉬는 순간마다 생기를 준 다

이제는 봄이 왔다고 설레게 하는
그댄 공작새의 날개로 희망이 되어
언제 어디서나 그냥 주는 생명수를
세금도 받지 않고 꽃향기로 전하는
그댄 지구촌을 지키는 나무라고
느낌으로 통하는 봄날에

고목나무의 일생

하늘과 땅의 기를 받아
살았던 고목나무는
모진풍파 견뎌내고
논밭의 곡식을 가꾸며
바다의 김 양식으로
황금을 만들었다

주렁주렁 꽃피운 자손들에게
이천서씨 고 서난금 어머니와
경주이씨 고 이경국 아버지의 DNA를
잊지 말라는 훈장처럼
나의 핏줄을 타고
따뜻한 입김으로 전하고 있다

하늘의 별이 되신
친정어머니 고 서난금 97세에
2023년 2월 24일 날 별세하여
하나님 축복으로
완도추모공원에서 안식한고
바다가 보이는 들녘에
노루와 산새들이 노래를 한다

이서영

그대 가슴에 꽃이 피면

봄바람에 사뿐히 내려앉은 길목마다
속삭이는 꽃봉오리엔 소녀의 미소가
수줍게 줄타기 한다

시선이 느껴지는 그곳에는
벌써 꽃망울을 터뜨리고
나뭇가지 마다 연둣빛 사랑이
화사한 소망되어 가슴을 채 운다

지난날 앙상하던 나뭇가지에도
뽀얀 미소가 한 잎 두 잎
소박한 벗이 되어 가슴에 채 운다

실바람에 하늘거린 꽃잎마다
밤낮없이 전파하는 이미지는
오늘도 모두가 평화롭기를

원초적 바탕

살아가는 모든 것은
숨 쉬는 순간마다
하늘과 땅의 기를 받아
물을 마시며 눈을 뜬 다
흙속의 자양분을 먹는
푸른 초목은 사랑을 위해
꽃이 피고 열매 맺으며
말하지 않아도 알 수 있는
멋스런 모양으로 독보적이다

파란 하늘 아래
흐르는 물 따라
초목이 무성하니
생물들이 노래를 한 다
매미는 커다란 나무에서
큰소리로 사랑 찾아
구애를 하고
공작새는 날개옷을 펼쳐
사랑의 사슬로 종족 번식하는
아름다운 지구촌에서
우리도 사랑을 위해 살아 간다

이서영

순간 포착

모든 사람들은 표정에
꽃이 피고 미소로 피어나는
순간을 포착하여
사진 속 주인공이 된 다

봄바람에 하늘거린
목련은 어느 궁궐의 왕비 되어
찬란히 빛나는 꽃사슴으로
모든 사람들의 가슴에
황홀한 기쁨을 안겨준다
나는 목련의 타오르는 가슴을
포착하여 사진 속에 담아
어디서나 보고 또 보면서
미소로 피어나는 환희를 느껴본다

꽃이 지고 꽃잎이 떨어지는
쓸쓸한 날에도 사진 속 목련은
찬란히 빛나는 희망이어라

살아있는 물

황금빛 타오르는 세상이
가뭄으로 누렇게 말라간다면
단비를 기다리는 간절함은
모두가 바라는 마음 일게다

물은 살아가는
생물들의 심장이 되어
꽃이 피고 열매 맺어
아름다운 세상을 만들고
우리들의 생명수 되어
알차게 살게 한 다

햇빛에 반짝이는 물은
낮은 곳으로 흘러
부딪치는 장애물도 넘실넘실
거대한 바다가 되어
황금어장을 만든다

이서영

삶의 품격

봄꽃이 만발한 시냇가에
흐르는 물소리 귓가에 맴돌고
향기로운 꽃길 따라
즐거운 미소가 아름답다

흘러가는 물 따라
살랑거린 물고기는
바다가 좋아 점프를 한 다

이렇게 멋진 지구촌에서
우리도 참 빛 삶으로
공정하고 평화로운 세상 되기를
두 손 모아 기도하노라

햇살과의 만남

하늘거린 꽃송이는 햇살 따라
우주를 품에 안고
꽃잎이 떨어지는 순간에도
숭고한 꽃씨를 남기고
흙이 되는 안식을 한 다

푸른 하늘과 바다는
햇살 담은 무지개를 그리고
꿀꺽꿀꺽 나뭇잎은
푸르게 물들어 가는 구나

햇살 속에 장미꽃은
붉게 물들고 향기로운
흔적마다 꺾어 사라지는
슬픈 이야기는 이제 그만
가시달린 갑옷을 입혀주는
햇살은 사랑인가 보다

수줍게 영글어 가는 포도나무는
동글동글 햇살 담아
장밋빛 사랑으로 취하게 한 다
햇살 그댄 사랑인가 봐

이서영

5월의 푸른 꿈

풍당퐁당 봄비 속에
기차놀이 하는 작은 벼가
올망졸망 농부가를 부른 다

길가에 나뭇가지에도
푸른 꿈이 피어나는
크고 작은 봄꽃이
싱 그런 미소 담아
지나가는 사람들과
잔치를 한 다

한 잎 두 잎 휘날리는 꽃잎 속에
너와 나 한 마음 되어
다정한 어울림으로
달콤한 열매를 만들자

명상 속의 평화

스쳐가는 바람결에 펼쳐지는
내 마음의 파동은 도 미 솔
새들이 노래하는 숲속 계곡을 따라
흐르는 물속의 조약돌과 물고기는
편안한 휴일을 즐기고 있다

내 마음의 파동은 도도함도
미안함도 아닌 솔직한 심정으로
순백의 물결 타고 강을 따라
바다로 흘러 간 다

찰랑거린 물방울에 몸을 싣고
넓은 바다의 하모니에 취해 본 다
하늘과 바다의 입맞춤으로
물고기들의 왈츠는
바다의 왕국 평화를 위한
선구자 되어 치장하지 않아도
멋스런 모습으로 미완성을 완성시킨
바다의 왕을 만나고
내가 도착한 우리 집은
더불어 평화롭다

이서영

천사의 향기

봄꽃이 만발한 길목마다
빨간 장미의 지문을 새기고
입가에 번지는 향기로
아름다운 세상을 바라본 다

꽃길 속의 사람들은
다정한 어울림으로
이야기꽃 피우며
입 꼬리가 귀에 걸린 다

에로스 사랑을 고백하는
빨간 장미는
한 남자와 한 여자가
하나 되기를 기도하며
갖가지 꽃들과 함께
우리들 가슴에 사랑을 심어 놓고
싸움을 멈추게 하는
평화를 위한 천사의 향기는
빨간 장미의 사랑이어라

아들의 교육

콧등에 스친 향기로운
시내 길 따라 꽃피는
장미 울타리에서 머무른 내 마음은
실바람에 나풀거린 장미향에 취에
시선을 집중시킨 진한 빛깔
장미와 마주 본다

함께 동행 하는 아들은
앞만 보고 걸어가니
나는 아들의 손을 잡고
장미향을 공감하며
아들과 아름다운 세상을
사진 속에 저장 한다 2023년
내 나이 환갑에 아들 조형준의
나이 29세지만 지적장애로
사회성이 결핍되어 오늘도
손을 잡고 교육하고 있다
세상은 말이야 장미가 있기에
행복하다고 걱정스럽게 말해본다

이서영

대왕마마

우리 집 귀염둥이 미미는
깔끔한 습성으로 야옹 야옹
당당하고 도도하게
밥 달라 명령하지만
나는 눈꼬리 내리고
미미의 밥그릇에 사료 넣고
멸치 올려 냉수 한사발로
완료 시키면
멸치만 골라먹은 미미는
뭐라 궁시렁 거린다
나는 또 안쓰러운 마음으로
새우와 낙지로 입맛 살려 대령하면
게걸스럽게 먹고 꽃단장
시작하는 미미는
침대 한가운데 자리 잡는다

사랑스런 마음으로
목욕시키면 눈꼬리 올려
뭐라 큰소리치지만 언제나 귀여운
우리 집 고양이는
사랑스런 대왕마마

무엇을 그릴까

내가 존재하는 이곳에
마음의 창을 그린다면
무엇을 그려볼까
알 수 없는 우주보다
날마다 꿈틀거린
우리들의 세상을 그려 본다

맑은 하늘과 바다와
새들이 지저귀는 시골과
열정이 타오르는
도시의 불빛아래
시골스런 황소처럼
묵묵히 일하는 맑은 소리 담아
꽃이 피고 지는 계절 속에
소통하는 너와 나의 이야기를
시 향기에 담아 짙어가는
삶의 바탕에서 만사형통이라

이서영

힐링 열차

무더운 여름날 스치는 바람결에
짙어가는 아름드리나무의 품속엔
새들이 즐거운 잔치를 한다

파란하늘 흰구름은 여백의 판타지로
물그림자를 취하게 하는 오후
일상 속에 찌들어가는 상막한 마음에
달콤하게 전해오는 여기는 지구촌

꽃이 피고 지는 탐스런 열매로
달콤한 활력을 주는 이곳은
때론 빗방울로 씻어내어
시원스런 명작을 만들고
때론 태풍으로 매섭게 훈계하지만

삶의 터전에서 일하는 땀방울에
오순도순 열매가 열리고
밤하늘에 별이 쏟아지는 아늑한 곳에
사랑의 굴레에서 모두가 평화롭기를

장맛비에 우리는

여름날의 더위를 식혀주던
비 오는 날의 스케치는 지구의 몸살로
장마 전선을 타고 머무른 곳마다 휩쓸어
강물인지 차도인지 알 수 없는
미로에 갇히게 한다

재난 방송을 통해 듣고 보게 되는
홍수 피해 지역의 장면은 애통하게
귀한 생명이 희생되어 가슴 아프다

장맛비가 무섭고도 원망스럽지만
생각하니 우리가 산과 들과 바다에
개발과 오염으로 하늘과 땅이 독을 마시고
균형을 잃어버리고 쏟아지는 장맛비로
우리에게 경각심을 준다

부디 재난 방송 듣고 피해 없도록
미리 대처하기를

이서영

날개 달린 문학

하늘과 땅이 소통하는 세상은
지나가는 소나기에 햇살을 입혀
부드러운 무지개를 만들고
카타르시스를 느끼게 한다

우리가 살아가는 인생도
희로애락 하니 요술쟁이처럼
넘어지면 다시 일어나
빛나는 내일을 위해
땀방울로 진주를 만들어
콧노래 부르며 마음의 창을 열자

써내려간 시 향기에
푸른 숲을 그리고
찰랑거린 물속에 물고기를 그려
모두가 잘 살아가는 세상 속에
너와 니 한미음 되어
평화로운 내일을 펼쳐보자
건강하게 빛나는 세상
우리 모두 으라차차

카타르시스 : 비극에 등장하는 인물들이 비참한 운명을 보고 간접 경험함으로써 자신의 두려움과 슬픔이 해소되고 마음이 깨끗해지는 일.

사랑의 밧줄

빛깔고운 들녘에
삼복더위 속에 여름날의 태풍이
등장하는 어느 날
여물어 가는 해바라기는
폭풍우에 휘말려 가녀린
허리와 뿌리를 지탱하고
숨 막히게 질주하는 폭우를
박차고 다가오는
가마솥더위에 타오르는 숨결은
한 걸음 한 걸음 시원한 바람을
그리워하며 바다처럼 넓고
산처럼 높은 가을의 문턱에서
잔잔한 물결이 하늘의 빛이 되는
가을날의 숨결들이 영글어 가는
풍성한 가을을 맞이하리라

이서영

꿈처럼 바람처럼

하늬바람 불어오니
짓궂은 더위는 저만큼 물러가고
다가오는 가을 판타지는
몸을 싣고 울랄라

지난 날 수고했던 땀방울에
꽃이 피고 열매 맺으니
울긋불긋 다채로운 금수강산이
예술이야 야호

가슴을 활짝 열고 느껴보자
바쁘다는 핑계는 이제 그만
하늘과 땅의 숨 쉬는 세상은
우리에게 아름다운 선물을 주지만
그냥 받은 우리는 오늘도 감사하며
굳세게 살아가자

지혜로운 발상

네모와 동그라미가
서로 잘났다고 겨루다가
부딪치는 아픔에서 손을 잡고
하나 되는 약속을 하였다

네모난 아늑한 곳에
동글동글한 바퀴를 달고
원칙과 상식을 바탕으로
따뜻한 입김 나누며
자연의 섭리에 따라
운전하는 곳에 미소가 번지는
들녘이 아름답다

동글납작한 마음들이
지구의 품안에서
넓은 바다로 이어지는
우리들의 세상이 평화롭기를
오늘도 기도하노라

이서영

가을로 가는 행진곡

여름날의 끝자락에 서서
비 내리는 산기슭 아늑한 곳에
단풍나무는 빗방울에 몸을 담그고
미움 다툼 시기 질투 모두다
씻어버리고 좋은 것만 가득 채워
그대를 위한 행진을 한다

비가 그치고 햇살이 온몸을 감싸는 날
한잎 두잎 물들어 가는 단풍나무의
두근거린 가슴은 붉게 타오르고
향기로운 그대에게
전하고 싶은 마음은 사랑이라고

찬바람에 멀어져간 그날에도
뿌리 깊은 단풍나무는
온몸에 그대를 품고
알파와 오메가의 반복되는
그날에도 사랑을 위해 타오르겠지
그대는 예술을 창조하는 가을

오른손 왼손

언제나 너랑 나랑은
한 몸 되어 생각하는 대로
들려오는 심장소리에 맞춰
앞장서서 실행하는 오른손과
또 하나의 왼손이
빛과 소금되는 발자취

뇌리에서 명령하면
엔터를 눌러 포근히 감싸주는
오른손과 왼손이 하트를 만들어
사랑의 울타리에서
서로 손잡고 함께 어울러
잘 살아가는 세상
좋은 세상 만들자

이서영

그대와 함께라면

빠르게 변해가는 세상 속에
빛바랜 옛이야기가
박물관처럼 걸어 나온다

그땐 그랬지
비가 내리면 우산이 되어줄
그대들도 태풍 속에 넘어지고
큰소리치던 대궐집도
진동하는 지진에 허무하게
존재감이 무너지고 상실되는
역사는 흐른 다

그대와 나는
보고 듣고 알고 있으니
하늘 향해 솟아 오른 빌딩에
철근으로 뼈대를 만들고
콘크리드로 실을 붙여
지진에도 흔들리지 않는
든든한 세상 만들자

산과 들에 과일 나무를 심고
모두의 허기진 배를 채워
맑은 물과 맑은 공기를 마시며
가슴이 통하는
따뜻한 세상 되기를

이서영

천하무적

젊음이여 일어나라
가진 것 없는 가득 찬 에너지로
바른 마음으로 앞을 보며
부지런히 일하는 원동력으로
든든한 내일이 보장되는
거짓 없는 참 빛 삶이
세상을 빛내는
모두의 행복이다

가을 날개옷

하늘빛 가을바람 불어오면
산에 들에 붉게 물든
나뭇잎의 속삭임에
설렌 가슴 가득안고
가을바람에 몸을 싣고
축제를 한다

알곡들을 모아모아
여기저기 저장하여
맛깔스런 삶으로
찬란한 힘을 얻는다

스산한 바람이 불어오면
떨어지는 낙엽 되어
어린 씨앗을 품에 안고
머무른 자리마다
아늑한 보금자리 어라

나뭇가지마다 두 팔 벌려
뿌리 깊은 골격으로
내일을 꿈꾸는 희망이어라

이서영

2부. 애증의 언덕

공정한 햇살은 말리고
손을 잡아 생명 길로 인도하니
다시 살아나는 삶의 현장은
온화한 미소로 과일나무가
토실토실 보기 좋게 열렸다

애증의 언덕 중

물의 나라 여왕

바람과 햇살이 뒹구는
흙탕물의 넋두리 치는 연못에
청개구리의 투덜거린
쉼터 찾아 흩어지는 여린 숨통을
넓은 가슴 연잎으로 감싸고

동그랗게 퍼져가는 물방울에
참 빛 마음 파동으로
하늘 향해 솟아나는
연꽃의 입술은 진한 추억을
기억하게 하는 천년의 사랑일까

모른 척 눈을 감아도 어른거린
연꽃의 향기는 내 가슴에 찰랑거린
오늘날의 전설 따라 찾아온
물의 나라 여왕이라고
연꽃이 피는 연못 그 곳에

어머니의 파노라마

하늘과 땅이 소통하는
수평선 멀리 빛나는 햇살이
파도를 타고 밀려오는
세상 이야기들이
숲속 나뭇잎에 속삭이는
완도 추모공원에 머무르고

2023년 2월 24일 날
97세에 소천하신 친정어머니의 넋이
아버지 곁에서 일제시대와
6·25를 겪은 그 옛날과
오늘날의 이야기꽃이
바람과 햇살이 너울거린
어머니의 무덤 앞에

삶과 죽음이 공존하는
가슴 울린 침묵이 흘러
말하지 않아도 통하는
어머니의 바다와 들녘의 곡식들이
황금빛으로 익어가는
어머니의 땀방울이 스치는
그 시절의 그리움 속에
감사드리며 편안하게 안식하시길

이서영

애증의 언덕

갈바람이 불어오는 언덕에
과일나무가 보기 좋게
주렁주렁 익어가는 가을날
비와 바람이 서로
자신의 힘으로 만들었다고
다투기 시작하는 어느 날

빗방울이 앞장서서
장맛비로 내리기 시작하니

못마땅한 바람은
태풍으로 휘감기어
언덕 위 과일나무가
태풍과 장맛비에 휩쓸려
부러지고 침수되어
망하는 길을 따라 뒤뚱 거린다

공정한 햇살은 말리고
손을 잡아 생명 길로 인도하니
다시 살아나는 삶의 현장은
온화한 미소로 과일나무가
토실토실 보기 좋게 열렸다

햇살 좋은 아름드리

먼동이 틀 무렵 밝게 빛나는
산과 들의 나뭇잎이 곱고
강을 따라 바다로 가는 바람이
콧등에 스치는 미소가 아름다워라

우리네 삶이 어우러진 이곳에
바른 빛으로 다가와
어두움 물러가고 새날이 숨결 되어
솟아나는 희망이어라

살아가는 순간을 감사하며
넘어지면 다시 일어나
쓴맛 단맛 융합하여
성취하는 삶의 맛 느껴보자
오늘도 내일도 우리 함께
빛깔고운 세상으로

이서영

황제가 다스리는 세상

길을 따라 머무른 숲속엔
두 팔 벌린 그대가 손짓하며
넓은 가슴 내밀고

그 무덥던 어느 날
비바람을 견디고 천둥 번개에
부러진 가지마다 붕대로 감싸고
아무 일도 없는 것처럼 무성한 그댄
새들의 안식처 되어 향기로운 꽃잎에
달콤한 속삭임으로 만민을 위한
알밤을 품고 가시로 무장하여
벌레들을 물리치는 그댄 멋진 황제

가을날 산기슭 숲속 무장하던
가시를 열고 토실토실 알밤이 쏟아지는
넉넉한 만찬을 한다

찬바람이 불어오면
다홍색 옷을 벗어 포근한 털옷이 되어
코끝에 스치는 사랑은 언제나

귀티 나는 세상

청자빛 하늘 아래 바람을 타고
날갯짓하는 새들은 둥지를 향하고
아기 새들의 기다림이 어미 새의
부지런한 꿈이 자라는 곳

때로는
뱀이 날카롭게 삼켜버리면
빈 둥지가 바닥에 뒹구는 날엔
어미 새의 애타는 가슴은
퍼렇게 멍이 들고 살벌한
정적만이 흐르던 곳은
지옥으로 가는 무서운 세상이라고

하지만 걱정하지말자
세상은 빛처럼 밝은 원정대가
뱀들의 사악함을 몰락시켜
천사들의 날개 아래
범죄가 없는 평화로운 세상에서
땀 흘려 노력하는 성취하는 삶이
꽃이 되어 아름다운 세상 되기를

이서영

긴요한 하우스

갈바람에 나풀거린 여고시절
말쑥하게 멋스런 총각선생님을
나의 심오한 심장에 담아
아무도 모르게 애틋한 마음 엮어
혼자만의 상상 속으로 빠지는 어느 날
총각선생님이 결혼했다는 벼락소리에
나는 그만 하늘이 무너지는 통증으로
가슴앓이 속에 지우고 잊으려고
모든 일에 열정태운 여고시절
환한 미소가 번지는 날

다정한 남자 친구가 나의 눈에 콩깍지 되어
세월이 흘러 1989년도에 결혼하여
딸 낳고 아들 낳고 오감으로 느끼는
삶의 맛 느끼며 돌아보니
벌써 내 나이 환갑이 되었다

군인이었던 나의 남편은 작전 중 2015년도에
지게차 전복되는 사고로 왼쪽 다리와
생식기 마비되어 목발과 휠체어 이용하여
우리 가정의 든든한 기둥이 되었다

나는 가족의 밥상을 준비하며
잃어버린 남편의 자존심에 열녀가 되어
욕정은 뇌리에서 지워버리고
시향기로 승화되는 가정에서
결혼 34주년 되는 2023년
굳세게 살아가는 포근한 보금자리

이서영

진실한 사랑은 비전이다

오감으로 느끼고 뇌리에 전달되는
감성테마 속에 내 가슴에 박혀버린
핑크빛 파동이 머리에서 발끝까지
새겨진 사랑을 위한 길목에서

한 남자와 한 여자의 사랑이라면
죽도록 사랑하여 하나가 되는
삶의 전주곡은 행복을 위함이라

사랑도 질서와 법칙이 있으니
남의 가정을 노리는 뱀의 혓바닥과
눈물의 수작에 속지 말기를

해처럼 밝은 가정에서
건강하게 흐르는 마음과 마음들이
내일을 위한 삶이라고

생각의 바탕

스산한 바람이 스쳐가는 가을날
붉게 물든 나뭇잎은
쓸쓸한 가슴 포근히 채워
겨울날의 찬바람을 견디게 한다

동그랗게 퍼져가는 숨결이
그 옛날의 기억들을 꺼내어
수많은 시간 속에 어우러진
얼굴들을 생각하니
벌써 입술이 귀에 걸린다

오늘도 함께하는 그대들이 있으니
아름답고 가치 있는 삶이라고
모든 것이 빛깔고운 평화로다

이서영

찬비 내린 스타카토

뚝뚝 떨어지는
찬비 내린 가을날
붉게 물든 나뭇잎은
바람을 타고 뒹굴고

새벽을 깨우는 닭이 울어도
뿌리를 향한 소망 되어
무성하던 지난날의
사모했던 마음들이
푸르고 붉게 타오르더니
흩어진 가랑잎 되어
진한 갈색 찻잔 속에
영상처럼 펼쳐지는 늦가을

오늘도
뚝뚝 떨어지는 나뭇잎은
앙상한 늑골을 타고
겨울옷을 준비하는
사랑을 위한 끊어지는
통증을 참아 낸다

영원한 사랑

찬 서리 내린 겨울날
두 팔 벌린 나뭇가지엔
빛바랜 잎사귀가 햇살을 담아
뿌리 곁에 사뿐히 내려앉고
바스락거린 속삭임으로
아리하게 전하고 있다

흙 속에 뿌리 감춘 나무는
무성했던 푸른 날 꽃이 피고
열매 맺으며 찬바람에
옷을 벗어 포근한 깃털이 되어

햇살 아래 숨 쉬는 씨앗을 품고
얼싸안은 뿌리는 얽히고설켜
찬 겨울 햇살 속에
깊고 푸른 사랑을 잉태하는
햇살은 영원하리라

이서영

에로스와 아가페

햇살 좋은 이 땅에
수많은 사람들이 스쳐가지만
한 여자와 한 남자가
이끌리는 사랑에 눈멀어
하나 되는 울타리 속 이야기는
꽃이 피고 열매 맺어

탄생의 환희에 쏟아지는 뭇별들이
아기를 위한 등대가 된다

엄마 품에 반짝이는 아기의 바람은
어른이 되는 꿈을 꾸면서
커가는 순간 자신을 찾게 되고
친구와 사랑이 엮어지는
그 어떤 날이 다가오면
아가페를 품은 에로스가
성숙하게 익어가는 사랑이 되어
굳세게 살아가는 이유라고하지

별들의 디딤돌

밤낮으로 쏟아지는 마음과 마음들이
별처럼 반짝이는 삶의 현장에서
다양한 색깔로 소통하는 세상은
오늘도 수많은 사연들이
파도처럼 밀려 와

평화로운 들녘에
사슴을 노린 맹수가
날카로운 발톱을 세우고 질주하는
살벌한 곳에 땅을 진동하는
코끼리의 우렁찬 고함소리에
꼬리 내린 맹수는
먼지 되어 사라지고
그곳엔 꽃눈이 별처럼 빛나는
평화로운 세상 되어

사람과 사람들이 어우러진 세상 속에
너와 나 손잡고 피어나는 꽃처럼
밀물과 썰물 되어 흘러가리라

이서영

순수 예술

진한 갈색 고갯길 따라
스쳐가는 찬바람에
하얀 눈을 맞이하는
주단을 깔고 마음대로
머뭇거린 뒹구는 잎사귀마다
빛바랜 흔적들로
이듬해를 기다리는
겨울 이야기 속으로

부딪치는 삶의 현장에서
그냥 그렇게 하노라면
견뎌야하는 어둠의 가시들을
참 빛으로 물리치는 무궁한 길 따라
겨울날 하얀 눈이 내린 온 누리에
서로 돕는 따뜻한 마음 나눠 보자

오늘도 그려보는 풍경 속
하얀 눈을 화폭에 담아
옛이야기 들려주는 순수한 숨결이
숙성되는 사랑의 꿀단지

가문의 영광

날아다닌 새들도 사뿐히 내려앉아
둥지를 향한 날갯짓은 물고기 잡으러
출렁이는 물속으로 점프하는
삶의 의미를 잊은 듯
바쁜 일상은 그렇게 흐르고

오르락내리락 살다보면
휘몰아치는 눈보라에도 굳세게 일어나
기발한 발상으로 장벽을 넘어
긍정 마인드로 만감이 스치는
어느 날 승리의 깃발을 휘날리는
그날이 다가와

애통함이 승화되어
환희의 뜰을 지나 서산마루에
골든 벨을 울리는 영광은
대대손손 손자에게도
낭송예술문학대상의 영광은 빛이 되니
하나님께 감사드리며

올해 나이 환갑에 위대한 문학으로
평화로운 세상 되길 해바라기처럼
결혼 34주년 되는 2023년 겨울에

이서영

12월의 희나리

눈부신 햇살에 녹아내린 상고대는
여정을 따라 희나리 되어
마르지 않는 장작에 타오르는 마음 담아
활력을 넣고 움츠렸던 몸에
꿈을 펼치니 동굴 속 숨결마다
포근한 등불이어라

올해 이루지 못한 꿈들이 숙성되어
향기로운 삶의 맛 느껴지는 와인 잔엔
성숙한 고뇌와 쓰라렸던 잔해들이
빛나는 별이 되어 잔이 넘치고

찬 겨울 얼어붙은 들녘마다
재촉하는 발길은 아담한 보금자리 속
가슴이 통하고 다툼이 없는 세상에서
배려하며 감싸주는 평화로운 길 따라
크리스마스를 맞이하는 환희와
찬란한 새해를 기다리는 꿈이 있기에
그날처럼

사랑하는 손자가 태어나

평화로운 삶을 지향하신
하나님의 자비하심은
거룩하신 손길로 인도하시고
우주만물을 창조하신 위대함으로
주야로 살피시는 안식처에서
2023년 12월 8일 저희 딸 조은영이가
아들을 출산하여 하나님께 감사하옵고

백합화처럼 깨끗한
예쁜 아기가 태어났으니
자자손손 이 땅위에 귀한 존재감으로
빛과 소금되게 하소서

아름드리나무도 작은 씨앗에서 싹이 트고
빌딩도 1층부터 올라가는 순리에 따라
살아가는 세상 속에 꽃이 피게 하옵고
마귀사탄 틈타지 않게 하소서

오직 하나님의 사랑 안에서
굳세게 살아가는 용맹함을 주시고
모두가 함께 잘 살아가는
밝은 세상 되기를 소망하며
하나님의 사랑으로

이서영

흘러가는 물처럼

솟아오른 햇살 속에 힘을 얻고
저물어 가는 노을에 안식하는
삶의 길목마다 의미와 가치를
드높이는 아카데미 예술 되어
이 땅 위에 그려지는 흔적마다
명작이라 말하리라

생명이 있는 모든 것은
물을 마시며 살아가고
위에서 아래로 흘러가는
물을 마시고 배설하여
깨끗하게 씻어주는
생명의 물은 흐르는 길목마다
적절하게 하나 되어

강을 따라 바다로 흘러
넓은 가슴 애달픈 소용돌이로
시기 질투 조각들을 산화시켜
한마음 맺어진 수평선으로
출렁이는 숨결은 오늘과 내일

대학교 총동문회 시담

꽃이 피기까지 모든 풍파 견뎌야하는
생명의 불꽃이 타오르는 숭실사이버대학교
방송문예창작학과 총동문회에 참석하여
올해 환갑을 맞이하는 나는
손자가 출생하여 할머니로서
졸업생으로서 교수님과 선후배들과의
만남이 어우러진 공감테마 속에
몇 년 만에 만난 학우들과 덕담으로
문학이 흐르고

처음만난 재학생들은 호기심 많은
토끼 눈으로 이것저것 물어보는 질문공세에
몇 년 전에 졸업한 나는 선배로서
당당한 멘토가 되어 알차게 성취하는 길
입학에서 졸업 할 때까지를 요약하여
보다 창조적인 문학의 향기 담아
갖추어가는 재학생들에게 미담으로 전했다

나의 바람은 문학을 공부하는 재학생들의
분노 조절을 못하는 심술퉁이가 없기를
지성과 미를 갖춘 선비정신으로
타오르는 환한 등불 되기를 기도하며
2023년 12월 16일 총동문회 공감테마

이서영

사랑으로 우리에게

하얀 눈 덮인 겨울 언덕에
번져가는 앙상한 나뭇가지 마다
얼어붙은 숨결은 햇살을 부르고

찬바람이 휩쓸고 지나간 자리엔
푸른 잎사귀로 무장한 동백나무가
붉은 넋으로 타오르는 꽃잎 되어
시린 가슴 채워주는 그댄
우주보다 큰 사랑으로 오신 예수

그댄 풍랑을 잠잠하게 하시고
홍해바다를 갈라 놀라운
능력을 펼치시고 겸손하신 모습으로
희생양이 되어 부활하신 예수

간밤에 움츠렸던 꽃잎이
떨어지는 자리마다 동백열매가
동그랗게 빛깔고운 숨결이 곱기도 하지

균형과 조화

천지만물이 존재 의미를 갖추고
힘찬 기운으로 조화롭게 어우러진
산과 들의 향기는 강물을 따라
바다에 잠긴 하늘과 만나니 좋다

옛날 신화적 서사시가 펼쳐지던
영웅들의 흔적들은 역사책에
낡은 책갈피를 박차고 나오니

그때는
승마를 타고 나라를 지키던 장군도
백성들을 위해 숭고하게 백골이 되었고

오늘날엔
소통과 융합으로 국민을 위한 길잡이가 되어
인터넷을 통해 오르락내리락
도시가 발전하는 편안한 세상이지만
환경오염으로 공기와 물도 필터가 필요해

여기저기 오염되어 죽어가는 생태계를
살리고 살려 맑은 물과 깨끗한 공기를
마음껏 누려 보고파

이서영

새해 날마다

찬란한 새해가 옹골차게 솟아오르고
모두가 한결같은 마음으로
배려하고 양보하는 사랑으로 맞이하는
희망찬 새해를

눈꽃송이 잎사귀마다 웃음보따리로
전파되는 다채로운 삶 속에
갈고닦은 길목마다 성취하는 삶의 맛이
평화롭게 되기를 기원하며

가정마다 무르익은 꽃봉오리가
굳세게 피어나기를 소망하는 꿈이 되어
건강한 삶으로 인성을 갖춰
사랑을 위한 꿀단지가 되자

하나님의 축복 안에서
넘어지면 다시 일어나
힘차게 맞이하는 새해엔 바라던 대로
넓죽하게 펼쳐지기를 기도하며
오늘도 힘차게 살아가는 우리

지구촌 컨디션

영상처럼 펼쳐지는 세상 속에
하늘과 땅이 어우러진 눈이 내리고
반짝이는 햇살 속에 살아 숨쉬는
우리 몸의 지구촌 컨디션 알아보기

지구촌 사람들이 먹고 마시고 살아가는
감정과 생활 방식은 달라도 모두가
사랑을 위한 울창한 숲과 황금어장에서
동맥과 정맥이 맑고 깨끗하게 힘을 얻는다

소통이 결핍되는 어느 곳은 전쟁으로 죽어가는
비명 소리가 들리고 가슴 아픈 터널을 지나
심장 떨리는 우울한 마음 넓은 바닷가
파도소리에 평화를 위한 기도 드린다

환경오염으로 지구촌이 배탈이 났으니
지진과 쓰나미로 무섭게 요동치며 토해내는
병든 곳에 회복되기를 하나님께 기도 하나이다

꽃보다 아름다운 보배로운 삶 속에
우리 모두 건강하게 천년만년 살고지고

*컨디션 : 몸의 건강이나 기분 따위의 상태

이서영

그댄 나에게

북풍이 불어오는 겨울날
햇살은 콧노래 부르며
나에게 다가와 포근한 입김으로
속삭이는 오후
나는 해바라기가 되어
황금빛 미소로 물들어간다

어두운 밤 미로에 갇히는 날에도
잃어버린 길을 찾아
환한 빛으로 다가오는 그댄
나만의 사랑이라고

하얀 눈이 내리면 은빛 햇살로
달콤하게 번져가는 햇살 속에
해바라기는 오늘도 그대에게

봄이 열린 전주곡

잔잔한 햇살은 모모를 깨우고
움츠렸던 냇물은 봄을 타는
꽃바람으로 미소가 아름답다

묵묵히 꿈꾸던 나뭇가지에도
연둣빛 새싹이 돋아나는
봄을 외치는 매화꽃망울이
손자처럼 예쁜 희망이어라

고갯길 따라 번져가는 봄바람은
여기저기 부드러운 숨결로
생명주시니 기적이라고
모두가 알고 있는 그 사랑
오늘도 찬미하며 노래하노라

옷깃에도 향기롭게 매달린 봄바람은
휘날리는 깃발로 미소 담아
가슴마다 평화롭게 피어나니
세상이 보물이어라

이서영

3부. 마음속의 정원

햇살 속에 입술 내민 새싹도
샛별 같은 꽃잎을 준비하는
포근한 날의 일상은
꿈이 피어나는 삶이어라

마음속의 정원 중

포근한 아우라

햇살 좋은 길목에 눈을 뜬
연둣빛 작은 꽃봉오리가
향기로운 존재감으로 설렌 가슴
바다처럼 출렁 인다

꽃바람에 비가내리면
젖줄을 타고 길몽 되어
나뭇가지엔 푸른 꿈이
곱게 피어나오고

약속하지 않아도 찾아오는
봄을 맞이하는 마음은
신비로운 세상의 진미라고

포근한 여린 가슴은
사랑을 위한 테마 속에
빛깔 좋은 향기로
꽃잎 편지가 눈처럼 내리는
행복한 순간을 카메라에 담아

* 아우라 : 예술 작품에서 흉내 낼 수 없는 고고한 분위기

꽃에 반한 겨울바람

얼었던 대지위에
스쳐가는 봄바람은
꽃눈이 하품하는
넉살 좋은 봄날

머뭇거린 찬바람은
연둣빛 꽃잎에
다가서는 그 마음
사랑의 로맨스로
추상화를 그린다

봄바람과 찬바람이
섞이는 그 맛
칵테일이 입안에서
머뭇거리고
꽃향기에 취해 소멸되는
겨울바람의 잔재라고

눈이 되어 사라지는
꽃피는 봄날
모두가 알고 있는
그 느낌
꽃샘추위 속에서

이서영

만물박사도 알 수 없는 것

눈이 비가 되어 내린 변덕스런 날씨에
봄을 재촉하는 새싹은 연둣빛 입술로
햇살을 기다리는 날

낮과 밤은 한결 같지만
나이 들어 늙어가는 모습에
흰머리는 검게 염색하고 정수리 부분
가발 붙이고 올백머리 묶어 살짝 올린
이미지 꽃단장으로 준비하는 나는

늙어가는 보상으로 훈장처럼 느껴지는
손자가 보고 싶을 땐 동영상을 클릭하고
마음의 창을 열어 천사 같은 옹알이에
신비한 에너지를 충전 한다

사랑스런 딸과 사위에게 신통하게
육아양육 잘하는 비법이 무엇인시 물어 봤더니
인터넷 검색하여 예쁜 아기 잘 키운다는
당찬 딸의 대답에 만물박사는 인터넷

만물박사도 모르는 사람 속은
알 수 없는 선과 악이 있으니
딸자식이 사기 당하지 않기를
불편한 세상 돌다리도 두들겨 살펴
든든한 세상 되기를 자녀를 위한 비전

이서영

봄과 겨울 사이의 빛깔

북풍과 햇살이
소통하는 들녘에
연둣빛 고은 꽃봉오리
햇살 속에 머무르고

봄이라고 미소 짓는 마법에
정신 나간 북풍은 봄을 따라
하얀 눈으로 감싸 안고
모든 것을 얼려버린다

봄이 아닌 겨울의 설레는 마음
하얀 눈은 봄날의 입속으로
홀연히 사라지는 환희에
꽃망울 되어 하얀 빛깔
희망이라 외치는 소리마다

차가운 겨울 끝자락
봄을 맞이하는
신비로운 삶이라고
우리 앞에 펼쳐지니
모든 것이 소중한
보물이어라

마음속의 정원

옷깃을 스친 봄바람은
아파트 정원 산수유 나뭇가지에
미소 담아 동그랗게 피어나고

자세히 보면 알 수 있는
여러 가지 나뭇가지마다
상큼한 생명이 눈을 뜨는 봄날

햇살 속에 입술 내민 새싹도
샛별 같은 꽃잎을 준비하는
포근한 날의 일상은
꿈이 피어나는 삶이어라

봄바람에 나풀거린 내 맘 속에
희망과 소망이 피어나는
평화로운 정원에서 사랑이 넘치는
사람들의 얼굴에 꽃이 피고
우리가 살고 있는 여기는 지구촌

이서영

시각적 오감

우주에서 시공간을 타고 내려오는
빛나는 햇살은 망망대해 넓은 곳에
황금어장이 숨 쉬며 찰랑 거린다

옷을 입은 사람들은 개성에 따라
새가되어 멀리 인적을 깨우고
소가되어 묵묵히 일하며 걷는 길엔
너와 나의 든든한 마음이 통한다

사랑비가 내리는 날엔
보이지 않는 가슴앓이를 씻어 버리고
햇살아래 미소 담아 살아가는 오늘도
밝은 예감으로 오감을 열어 본다

스쳐가는 바람결에 나풀거린 꽃잎이
내 가슴에 곱게 내려 앉아 잊혀진
그리움이 피어나는 마음의 창엔
보기 좋은 꽃처럼 다채롭기를

빛나는 흔적

높은 곳에서 낮은 곳으로
흘러가는 물은 투명한 물방울로
우울한 넋두리 씻어버리고
강물이 바다를 만나는 넓은 곳에
하나 되는 만남이 솟아오르고

날마다 한결같은 땀방울로
버팀목 되어 황금이 쏟아지는
넉넉한 세상에서 만민이
손을 잡고 평화를 위한
노랫소리에 꽃이 피는 소망이어라

봄바람에 꽃잎이 휘날리는 가슴마다
낡아 흐릿해진 그림자를
새롭게 단장하여 삶의 맛 느껴보는
봄을 타는 길목마다 희망이 피어나는
빛깔 좋은 세상에서 그대에게

이서영

맥락을 타는 숨결

해와 달이 머무른 땅 위에
비가 내리면 흙속에 스며드는
부드러운 입술로 뿌리를 타고
동맥과 정맥이 흐르는 꽃이 되어

세찬 물줄기에 떠내려간
나뭇잎은 어느 곳에 퇴적되어
쌓여가는 잔해 속 옥토가
씨앗을 품은 아늑한 곳에
푸른 꿈이 피어나겠지

비밀스런 땅속에서는
맑은 물이 샘물 되어 솟아오르고
달콤한 생명수로 살아 있는
숨결 되어 전하는 이곳에

너와 나는 꽃이 되어
향기로운 마음들이 곱게 피어나는
맥락을 타고 평화롭기를
걸음마다 삶이 빛나는 오늘

포물선 안에서

별 하나의 지구가 태양을 중심으로
궤도를 돌고 있는 우리는 느끼지 못하는
포물선 안에서 넓은 땅을 밟고
하늘이 주는 햇살아래 살아가고 있다

내가 태어났던 근원의 뿌리는
어머니 아버지의 DNA 속에 내가 있고
나의 자녀와 손자가 태어났으니
생명나무에 꽃을 피우게 하는
어머니 아버지의 젖줄은 포물선이다

일제시대에 결혼하신 어머니 아버지는
자녀를 다산하고 조부모를 봉양하며
우여곡절 많았던 보릿고개 시절에도
완도바다의 양식과 논과 밭에 몸을 녹여
가정을 살리신 고뇌 속에
하늘의 별이 되신 어머니 아버지께
은혜와 사랑을 감사 하나이다

우주만물이 오묘하게 포물선을 그린
하나님의 근원은 곱게 피어나는 빛깔
사랑으로 시작되는 점하나의 별이라고

이서영

새싹 백일 날의 놀이

봄 햇살은 거실에 반짝이고
연둣빛 새싹 옹알이로 생동하는
뿌리와 줄기를 젖줄삼아
오늘도 힘차게 햇살 담아 성장하고

나의 손자 백일 날인데
딸과 사위가 이사하는 날이라서
분주하게 바쁜 날이니 어쩔 수 없이
우리 집으로 손자를 초대하여
할머니로서 손자와의 하루를 보내며

뭐라 뭐라 옹알이하는 손자는
귀여운 미소로 시선 집중시키는
마력이 있나보다 손자의 표정과
칭얼거림에 우유 준비했는데 응가라고
상큼하게 처리했더니 즐거운 놀이시간에

성장 발육을 위한 발차기와 뒤집기로
음악에 맞춰 신나는 놀이 시간에 뛰어오는
우리 집 고양이를 처음 보는 손자는
신비스런 눈빛으로 고양이를 살펴보는
빛나는 눈동자로 세상 모든 것이
알고 싶겠지 살다보면 알게 되니까
그날을 위해 쑥 쑥 쑥

목련이 조각구름 되어

햇살 좋은 봄날 조각구름 머무르고
하늘 향해 솟아 오른 목련꽃봉오리
터질듯 한 심오한 모습으로
나뭇가지마다 조각구름 쉼터 되어

거룩한 마음이 꽃잎이 되고
순결한 마음이 향기가 되어
하늘거린 꽃잎마다 신비로운
오감을 자극하는 사랑이라고

목련이 피어나는 숭고하고
진실한 삶의 테마 속에
하늘거린 입술이 평화롭게
피어나는 순간

자줏빛 목련 속에 하얀 조각구름
숨결마다 쉬엄쉬엄 미소 담아
꽃바람 되어 봄을 찬미하리라

이서영

아들의 봄날

흘러가는 시간은 성장하는 나무가되어
세월을 삼키며 역사를 남기고
흔적마다 땀방울로 만들어지는
모양새가 보물이 되어

살아가는 순간마다 하나님의 은혜로
우리의 삶이 어려울 때에도 힘을 주시니
넘어지면 다시 일어나 빛과 소금되길
무던히 노력하면

하나님 사랑으로 병든 몸이 치유되는
기적이 일어나고 지혜로운 말씀으로
잘 살아갈 수 있도록 능력주시니
감사와 찬미로 경배 드리옵고

나의 아들 조형준이가 나이 30세에
지적장애로 제약회사 소속 탁구선수로
활동하면서 월급도 받으며
운동으로 치유되는 은혜라고 말하지

나의 남편 조용수는 2015년도 군복무 시절
군 작전 중 지게차 전복되어
왼쪽다리 마비되어 장애인으로서
탁구 선수되어 아들과 함께
배드민턴과 산책으로 건강한 삶이라

나는 엄마로서 예전에 20년 동안
아들 조형준을 홈 스쿨로 교육시켰던
땀방울이 인격 향상에 밑거름 되어
하나님의 능력이 지혜로운 흔적으로
2024년 3월 하나님의 은혜로다

이서영

시간과 공간

날마다 펼쳐지는 시간과 공간 속에
변해가는 세상은 흘러가는 물처럼
붙잡고 싶어도 잡을 수 없는 아쉬움을
카메라에 저장하여 다시 보니 예술이야

하늘과 땅의 기를 받아 살아가는
모든 것은 의미와 가치로 포도송이처럼
햇살 속에 익어가는 삶이 번져가고
향기로운 입술은 점점

보고 느끼는 순간마다 스쳐가는
시간과 공간 속에 마법 같은 비구름이
털옷을 입은 눈 내린 하얀 세상은
녹아내린 햇살 속에 꽃피는 봄이라고
명작이라 말 하리

세월이 흘러 생각하니 시간과 공간은
하나님이 주신 귀한 선물이라고
진실한 흔적은 날마다 스쳐가지만
나는 알 수 있지 향기로운 꽃잎에

시선집중 봄꽃

햇살 좋은 봄날 꽃잎 속에
희망이 피어나는 길목마다
향기로운 마력에 빠져가는
하얀 마음 꽃이 되어

봄나들이 걸음마다
꽃잎에 휘날리는 시선은
만물이 소생하는 활력이어라

품행단정 목련은 하늘 향해
솟아 오른 햇살 담아
내 입술에 감미로운 사랑으로
만발한 꽃잎마다 기쁨이어라

꽃잎에 휘날리는 옷깃마다
향기로운 활력이 되어
봄꽃이 만발한 꿈나무가
아름답게 피어나는 오늘

이서영

세련된 시골

파도소리 들려오는 내 고향 완도의
향기로운 봄바람은 옷깃에 머물고
꽃처럼 피어나는 옛날의 흔적이
고대 명작처럼 뇌리에서 그려지는
시간여행 속으로

옛날 나는 1982년도에 고등학교 졸업하고
도시로 몸을 싣고 서울에 도착한 그날부터
완도 촌놈이라는 꼬리표를 달고
맨땅에서 헤딩하며 궂은 세월 공부하며
넘어지면 다시 일어나 굳세게 살았던
그때가 주마등처럼 스쳐간다

내 고향 완도의 옛날 모습은
아담한 시골집 마당 모퉁이엔 장독대가
울타리를 그늘삼은 정다운 풍경이
뇌리에서 스치는 바람결에 미소가 되어

옛날 시골집과 논과 밭은 도로가 되어
빠르게 빛나는 시골집 그 자리엔
많은 사람들이 도시와 시골을 연결하는
비전이 되어 세련된 모습으로
시원스런 바다 수평선 멀리 여객선이
물결을 타고 2024년 봄날 인증 샷으로 콕

하늘과 땅 사이

꽃잎이 휘날리는 봄날엔
모두가 꽃이 되어 향기로운 미소로
이 땅위에 활짝 어울려 보자

스쳐가는 사람들의 가슴마다
향기로운 흔적으로 공든 탑을 위해
땀 흘려 성취하는 삶을 걸어가리라

무궁무진한 자연 앞에 겸손히
푸른 가지에 말라죽은 삭정이
통증으로 남아 바람결에 부서지는
시원스런 마사지로 활력을 채우고

뱃머리는 꿈을 향하고
파도는 하늘을 닮아
옷맵시 흩어지지 않도록
부드러운 곡선을 타고

꽃잎이 만발한 바다를 품은 들녘엔
빛깔 좋은 꽃말들이 쏟아지는
너와 나 모두모두 사랑이라

이서영

몸살 극복

꽃잎이 휘날리는 봄날
여기저기 피어나는 꽃봉오리 마다
향기로운 숨결이 손자에게 감싸고
미소로 번져가는 삶의 맛이
예쁜 손자를 품에 안고 힘쓰던 날
늙어가는 나의 몸을 알아야 하는데
집안일부터 시작해서 바쁘게 살다보니
몸살이 나서 여기저기 쑤시는 피곤한 몸으로
친정 밭 관리하러 언니들과 형부와 동생
모두 함께 힘써 일해 잡초 뽑아
상쾌한 융단을 깔았다

할 일도 다 했으니 완도추모공원 들려
친정어머니 아버지께 추모기도 드렸는데
말썽 많은 큰언니 77세 나이에 심술보가 터졌는지
갑자기 통곡하기 시작하는 늙어 돌아온 탕자
큰언니는 틀니를 딱딱거리며 분노 폭발로
단발머리 내려 앉아 무덤 앞에서
부모님 속을 태우는 속없는 큰언니

나는 목구멍에 묻어뒀던 쓴맛을 토해
큰언니에게 말했다 부모가 싫다고 언니가 집나갈 때
아버지께서 눈이 빠지게 언니를 찾아 다녔는데
연락도 없더니 늙어 돌아와 77세에
애통하는 척하는 큰언니 입에서 했던 그 말
예전에 아버지가 찾으러 오시면 숨어서
지켜보고 있었다고 하니 동생인 나는
할 말을 잊었노라고 밥이 아깝다

몸살로 쑤시던 나의 몸이 풀리기 시작하는 날
예쁜 손자를 품에 안고 싶지만 삶의 재충전으로
손자의 동영상 보며 활짝 웃고 사랑의 포인트로

이서영

사랑을 위한 스케치

봄바람이 스치는 길목마다
그대를 위한 꽃길을 그리고
사과나무를 심어 새콤달콤한
삶의 향기 전하는 마음

회오리바람에 휩쓸리지 않도록
버팀목을 세워 삭막한 곳에서도
꽃이 피고 새들이 노래하는
밝은 세상 창조하는 발걸음은
사랑을 위한 에너지

살다보면
가시넝쿨에 넘어지는 날에도
힘차게 일어나 모진풍파 물리치는
그대를 위한 원동력이 되어
쉼 없이 흘러가는 시간은 황금이 되고

솟아오른 숲속 나무들은
잔잔한 물결을 타고 자유롭게
사랑을 위한 열매가 속삭이는
아늑한 이곳에 오늘도

천국가신 어머니

일제강점기 때 아버지와 하나 되어
자녀를 다산하며 딸 부잣집 등에 업고
고목나무가 될 때까지 하염없이 고생하신
어머니의 끝없는 사랑에 감사 합니다

삶의 넋두리 이고 지고 천국가신 어머니
그곳에서 아버지 만나 옛 생각하신가요
논과 밭에 몸을 사르고 바다 양식으로
가족을 살려 고뇌를 삼키셨던
어머니 아버지 감사 합니다

저를 낳고 또 딸이라고 천대받으셨던
어머니께서는 늘 효녀 딸이라고 칭찬하시고
자식들이 걱정되었는지 토닥토닥 위로하며
힘주셨던 어머니 쇠약하여 도시로 모셨더니
꽃단장하시고 멋스런 미소로 딸 많이 낳더니
늙어서 복 받으셨다고 딸 자랑 하시던 어머니
97세에 천국 가셔서 별이 되어 빛나고

저의 나이 환갑을 지나 손자가 자라는 모습
보여드리고 싶은데 아니 계셔서 눈물 젖은
별에게 엄마라고 불러봅니다

이서영

오월의 뉘앙스

푸른 꿈이 짙어가는 숨결마다
맑은 소리 들려오는 꽃이 피고
나뭇가지마다 무성한 내일이
미소 짓는 자녀와 손자의 모습으로
아리따운 세상이다

바람을 타는 아름드리나무에도
푸른 꿈이 피어나고 노쇠한 흔적은
근엄한 그늘이 되어 천둥번개에
가지를 꺾어 여유로운 옹이가 되고
삶의 흔적마다 역사의 발자취

나도 늘 푸른 나무되어
환갑을 지나 늙어가는 오늘
아랑곳 하지 않고 젊어지는
푸른 꿈을 가슴에 채우고

새삼스럽게 보이는
고목의 나풀거린 숨결이
전설 속의 주인공처럼
멋스런 흔적마다 세상 속의
미묘한 삶의 테마라고

*뉘앙스 : 어떤 말의 소리 색조 감정 음조 등에서
기본적인 의미 이외에 문맥에 따라 달리 느껴지는 섬세한 의미 차이

이서영

내 반쪽의 생일 63주년

동그랗게 빛나는 봄날의 햇살은
푸른 언덕 꽃피는 미소가
옹골차게 멋스런 나의 반쪽 생일날
미역국 끓여 맛있게 먹고 사랑해

1981년 고등학교 3학년 때
눈빛 나눠 8년을 사귀다가
1989년도에 결혼하여 딸과 아들 낳고
이런저런 세월이 흘러 자녀가 어른이 되어
딸이 결혼하여 사위를 맞이하니
예쁜 손자 재롱에 웃음꽃이 되고

나의 남편 생일 63주년을 맞이하여
결혼 35주년 되는 오늘날 남편 조용수와
나 이서영은 내 고향 완도를 가슴에 품고
시댁 광양의 바람을 타는 남편과 함께
밥상에 앉아 건강을 위한 햇살 담아

익숙하게 들려오는 남편의 방귀소리에
웃음 짓는 메아리는 내 방귀로 마무리하고
인생 알고 보면 좋은 사람 만나 먹고 마시며
진리를 향해 바른 삶을 살아가는 것
쉽고도 어려운 거시기로 오산에서 살지

꽃의 미학

햇살 좋은 봄날 젖줄을 타고
흙속에 뿌리내리고 솟아오른 줄기에
푸른 잎 꽃이 되는 붙여진 이름마다
향기로운 몸과 마음 곱기도 하지

신비로운 꽃잎 속에 진리가 피어나고
심오한 전율이 느껴지는 사랑으로
활짝 피어나는 진주가 되어
한마음으로 열매 맺은 그날 위해

일상 속에 피어나는 굵다란 땀방울이
꽃구름에 피어나는 마음과 마음들이
낮은음과 높은음의 어울림으로
삶의 향기 담아 곱기도 하지

마음껏 느껴보는 삶의 의미는
꽃처럼 평화로운 흔적으로
떨어지는 꽃잎이 열매가 되는
가치 있는 걸음마다 사랑이라고

이서영

내 몸의 신호등

머리에서 발끝까지 소중한 나의 몸의
건강을 위한 스트레칭으로 시작되는
눈망울은 스마트폰과 컴퓨터로 점점 빠져가는
유혹에서 일어나 집안 청소부터 가족을 위한
요리로 입맛 살려 웃어본다

집안에서 적절한 스트레칭으로 몸의 활력 채우고
학창시절부터 오늘날까지 부지런히 살아왔던
내 평생 춤에 대한 스타일은 학교에서 배웠던 발레의
기본자세만이 흐릿하게 스쳐가는 그때

옛날 이십대 시절 단체로 나이트클럽 처음 가던 날
호기심이 반짝이는 흔들림으로 발레동작부터
발차기와 팔로 노 젓는 기발한 발상으로
기립박수 받고 바쁜 일상에서 살다가 세월이 흘러
삼십대에 부부동반으로 돌리고 사오십 대에
아줌마 단체로 입장하여 장단 맞춰 웃음 짓던 날

내 몸이 기억하는 호기심의 불빛 나이트클럽에
평생 네 번 갔지만 잊을 수 없었던 느낌처럼
육십 대에 손자안고 흔들흔들 컴퓨터 하다가
아이 허리야 다시 시작하는 스트레칭

타오르는 열정

파란하늘 맑은 가슴에
꽃구름 머물고 꿈결 같은
그대 모습 구름 속에 있나

남아 있는 여백에
꽃씨하나 심었더니
나풀거린 잎사귀마다
쓰라린 마음이 꽃이 되어
애틋한 가슴에 채우리라

바다를 지나 언덕에 올라
짭조름한 마음에
달콤한 꿈을 펼치니
타오르는 열정이 땅위에 솟아
마음의 창이 빛나는 이곳에

힘차게 살아가는 그대와 나
얽히던 그림자도 사라지는
꽃송이 가슴에 드리오니
향기롭게 빛나시길

이서영

회복되는 기적

나이 들어 쇠약해진 몸의 반응은
무리하면 고장 나서 통증으로
신호를 보내면서 몸과 마음이 호소하는
척추외과 물리치료로 신통방통 낫게 되는
발걸음은 상쾌하다

이제는 건강을 위한 몸에 맞은
생활 수칙을 푸른 향기로 그려 본다

쑥쑥 커가는 손자가 예뻐서 안고 흔들면
척추가 흔들흔들 적신호로 전달되고
오래 앉아 컴퓨터해도 조심조심
집안일할 때는 바른 자세로 운동하면서
몸의 유연성을 키워본다

황금보다 귀한 것은 건강이라고
모두가 알고 있지만 실천하는 삶이
백만장자 보다 빛나는 하나님의 축복이다

매력 포인트 우리나라

보릿고개를 넘고 넘어
산전수전 고난을 겪은 우리나라는
지역마다 보배로운 삶의 쉼터가 있다

곳곳마다 자연과 어우러진
산과 바다의 둘레길 따라
스치는 바람이 머무른 곳에
마음이 열리고 심오한 문학이
명작으로 탄생하는 우리나라

천둥 번개의 요란한 소리도
태백산맥에 걸려 사라지는
살기 좋은 우리나라는 오염된 환경이
파도소리에 부서지는 하늘의 기를 받아
푸른 꿈이 있어 희망이어라

나는 우리나라에서 태어나
여행할 때마다 소중한 사람으로
모두가 선한 사람 되기를 기도드리며
해외 한 번도 가본 적 없지만
매력적인 우리나라가 늙어가는 나의
든든한 비전이다

이서영

4부. 희망의 불꽃

살다보면 수렁에 빠져
헤매는 순간에도
그대와 나 손을 잡고
쏟아지는 별을 지나
아침 햇살 맞이하자

희망의 불꽃 중

웃음꽃 가족여행

장마철 비가 올 듯하더니
꽃처럼 피어나는 맑은 날씨에
우리 가족은 1박 2일 강원도로 향해
동해바다의 파도소리 들려오는
설악산 울산바위를 바라보며

어린 손자의 눈빛은 울산바위에
머무르고 옹알이로 노래하는 산울림은
딸과 사위와 내 남편과 아들
그리고 나도 함성하며 울산바위의
꼿꼿한 모습에 풀어헤친 옷자락으로
두 팔 벌려 기를 채우고

신비스런 손자의 호기심은
파도치는 동해바다의 물결에
반짝이는 눈빛 따라 마음이 통하는
천사의 전율로 웃음꽃 피어나는
온 가족 소망과 사랑의 울타리 속
에너지 충전소 되어

목청껏 외치는 매미의 노랫소리에
아쉬움 남겨두고 집으로 향하는
훈훈한 마음 가득 채운 2024년 7월
여름날의 미소

지구 온난화로 점점

파란하늘이 아름답던 지구가
인간의 무분별한 이산화탄소 배출로
온실처럼 더워지는 지구의 몸부림은
북극과 남극의 빙하를 녹여
끓어오른 더위를 식혀 억척스런
어머니의 모습으로 빗물이 되고

폭염으로 더워지는 순간마다
물 폭탄으로 열기를 잠재우는 지구는
차오르는 물바다에 낮은 곳은 강이 되고
물을 먹은 높은 산도 무너지면
우리 인간은 어디로 가나

점점 더워지는 지구 온실화는
인간이 배출한 이산화탄소 때문이라고
모두가 알고 있지만 모른 척
이젠 한마음 한 뜻으로 실행하여
지구를 살려 우리 모두 자연과 함께
푸르게 살아가는 아름다운 지구촌에서
너와 나의 구수한 마음 나눠보자

이서영

내 사랑은 햇살처럼

해와 달이 빛나는 이 땅에
고뇌와 시련에 넘어지면
다시 일어나 힘겨운 세상
수많은 사람 중에
그대 등불을 밝혀
환한 미소로 다가와
내 사랑은 햇살처럼

바다의 물고기와
산에 나무가 있으니
꿈을 위한 사랑노래 불러보자

내가 살고 있는 이 땅에
그대와 함께 있으니
어두운 벽을 넘어
꽃이 피는 세상에서
험한 세상 견뎌내며
아름답게 살아가자
내 사랑은 햇살처럼

희망의 불꽃

가슴으로 느껴지는
사랑은 마법처럼
세상을 아름답게 만들어
솟아오른 희망으로

살다보면 수렁에 빠져
헤매는 순간에도
그대와 나 손을 잡고
쏟아지는 별을 지나
아침 햇살 맞이하자

비가 오나 눈이 오나
그대와 나
살아가는 이유가 되어
푸른 꿈이 피어나는
솟아오른 희망 태우리라

살아가는 순간마다
번져가는 사랑은
솟아오른 희망되어
가슴과 가슴으로

이서영

느낌

스쳐가는 바람결에
머무른 그댄
하늘엔 조각구름
향기로운 그대입술
꽃잎에 머물러
내 가슴 속 슬픔을
회복시켜주는 그댄
사랑 이라하네

세상은 달콤한 입술로
영혼을 삼켜버린
무서운 마녀가 있으니
넘어지지 않게
바른 길을 걸어가자
영혼의 빛이 되는
그대라는 느낌은
내 가슴 속 사랑되어
빛나는 별

마음의 창이 열리면

날마다 맞이하는
삶의 무게만큼 낮과 밤이
머무른 자리마다
심중이 섞인 마음결은
시가 되어 꽃이 되고

먹구름처럼 지나가는
시기 질투의 혓바닥은
추락하는 늪처럼
마음속에 끓어오른
그 어떤 갈등을 산화시켜
마음결에 솟아나는
유리벽이 시가 되어

햇살 속에 빛나는
마음과 마음이 희망되는
오늘과 내일이 열린 세상에서
마음의 창에 그려지는
흔적마다 명작이라고

이서영

햇살과 소나기

한낮의 더위로
이마엔 땀방울 되어
시원한 바람이 그리운 날
매미들의 합창으로
여름은 깊어가고

바람은
먹구름을 끌어 앉고
타오르는 햇살 삼켜버리고
쏟아지는 빗방울로
대지 위에 흩어지는
시원스런 별미가 되어

바람을 타고 부서지는
빗방울이 사라지는
하늘과 땅 사이에
곱게 펼쳐진 무지개가
햇살아래 마법처럼

자나가는 소나기의
살아가는 이야기가
우리 앞에 펼쳐지니
우린 소중한 존재감으로
모든 것을 사랑하며
곱게 가꾸며 살아가자

이서영

든든한 은행

한 푼 두 푼 모아 태산이 되는
땀 흘린 보람이 은행 통장에
미래의 보금자리가 되고

편리하게 이용하는 금전관리는
인터넷 뱅킹과 여러 가지 방법으로
편하게 살고 있지만 해커들은 날마다
남의 재산을 삼키려고 엿보고 있으니
당하지 않도록 조심하자

든든한 은행에서 지켜주고
이자까지 주렁주렁 열리게 하는
은행이 점점 축소되어
통장 없이 데이터로만
금전관리 한다면 개인 자산은
해커들의 먹이가 되어
보장 받을 수 없으니 걱정이다

역사도 기록에 남아있어서
우리가 역사를 알 수 있고
은행 금전도 통장이 있어서
개인의 삶이 보장되는
내일이 기다려지는 삶이지

여름날의 하모니

토닥토닥 빗소리 들려오는
한여름 밤의 메마른 가슴 젖고
타들어가는 목구멍에
달콤한 생명수 되어

여기저기 향기로운 잎사귀마다
찬미하는 부지런한 세포들이
뿌리에서부터 알곡을 준비하는
비 내리는 가슴마다
환희의 미소가 피어나고

들쑥날쑥 들에 핀 꽃잎 속에
촉촉한 은빛이 땅위에 빛나는
하늘과 땅 사이가 즐겁다

곳곳마다 들려오는 빗소리에
마음과 마음들이 활짝 열고
시원스런 여름은
가을 노래 부른다

이서영

하늘빛 시간여행

깊고 푸른 하늘아래
맑은 물이 흐르고
새들이 날갯짓하며
목청 높여 노래 부르고

굽이굽이 안개가 자욱하면
그대 모습 먹빛이 되어
내 가슴에 그리움 되고

뚝뚝 떨어지는 그리움이
비가 되는 우울한 날엔
음악을 타고 앨범 속
빛바랜 이야기 속으로
시간 여행을 하지

휘몰아치는 태풍을 만나면
아늑한 그대 가슴에 심장이 되어
든든한 버팀목에서 꿈꾸는
해바라기 되어 속삭이는
사랑 빛 맞이하리라

칵테일 사랑

세상은 물처럼 흘러
변해가는 불빛 따라
그대와 나 걸어가는
길목마다 미소 담아
향기로운 꽃이 되어

믿음으로 만나는 마음과
진실한 삶의 잔이 빛나는
아늑한 사랑 안에서
내 잔이 넘치는 날
진한 삶이 숙성되는
그날 위해

이서영

네모와 세모 속 동그라미

수평선 멀리 항해하는
네모의 갑판 위에
세모의 돛이 바람을 타고
동그라미의 핸들에 맞춰
삶이 전하는 곳으로
물보라가 찰랑 거린다

망망대해를 항해하는
네모와 세모는 동그라미 속
뇌리에서 울려 퍼진
바다 물결의 심장이 되어

뭇별들이 쉬어가는 항구에
살며시 내려 앉아 사람들이
소통하는 바다의 쉼터에서
우주를 항해하는 지구촌의
핸들은 언제나 안전운전

생명의 양식

하늘의 별똥별이 떨어지면
운석이 되어 한 모퉁이 뒹굴고
스쳐가는 바람결에 꽃잎하나
새겨놓고 향기로운 입술은
하늘과 땅의 소통이 되어

숨 쉬는 풍경 속에
소중한 숨결들이 살아가는
우리들 삶의 양식은
하나님 말씀 안에
믿음과 소망과 사랑으로
곱게 만들어 가는
우리들의 삶은 너와 나의
내일을 향한 꽃길 되기를

이서영

5부. 나의 삶 가꾸기

북풍이 불어오는 겨울 날
햇살은 모래 알갱이부터
태산의 아픔까지 살피시는
든든한 버팀목이 되었다

나의 삶 가꾸기 중

찻잔엔 가을이 머무른다

짙어가는 여름날 힘겹던 일들이
바람결에 사무치는 오후
국화 향기 가득 담은 찻잔 속엔
벌써 가을이 펼쳐 진다
머리에서 발끝까지 전해지는
애틋한 무엇인가 마음속을 저울질 한다

잊혀지는 옛 추억도 빛나는 별이 되어
내 가슴에 쏟아지는 찻잔 속엔
아직도 가을이 머무르고 있다

애타게 타오른 젊은 날의 흔적들이
꿈틀거린 세상 속에 피어나는 꽃처럼
바람결에 나풀거린다
무엇인가 얽히던 기억의 조각이
퍼즐 맞추듯 풀리기 시작하는
가을 맛을 느끼는 오후

여름날의 푸른 꿈

빛깔 좋은 뉘앙스로
펄럭이는 옷자락이 젊어지는
풍경 속에 꽃이 피어 좋구나
여름이라고 나팔 불지 않아도
모두가 알고 있는 여름날의
푸른 꿈은 잎새 마다 솟아오른
열정이어라

나뭇잎에 새긴 장미꽃은
바람을 타고 향기 담아
길목마다 꽃길로 인도하니
여름은 푸른 꿈이 있어 좋다

이서영

나는 떡갈나무

찬바람이 불어오면 시린 가슴 감싸주는
하얀 눈을 기다려 본다
가슴에 키우던 사랑은
퇴색되어 까맣게 멍이 들고
나는 떡갈나무가 되어
심장이 없는 것처럼 멍하니
너덜거린 나뭇가지에
뒤틀 거린 먹빛을 새겨본다

새롭게 단장한 독한 마음으로
푸른 잎새 만들고 키 큰 나무가되어
아무 일도 없는 것처럼
꽃피는 가을날 떡갈나무는
숨겨 왔던 가슴앓이를 토해내고
하나, 둘 쏟아지는 쓴맛의 도토리가
산기슭 하얀 눈을 맞으며
사랑의 씨앗을 키운다

오묘한 스타일

언제 어디서나 흐르는 길목마다
두루뭉술한 모습으로
잃어버린 기억들을 깨우고
가슴에 맺혀 있는
어두운 그림자를 산화시켜
눈물이 되고 반짝이는
생명이 된다

꼬불꼬불한 길을 만나면
비틀거린 물결 되어
찰랑거린 꽃구름으로
넓은 강을 따라
바다로 흘러 간다

하늘빛 깊은 바다에서
암초에 부딪히는 가슴앓이를
오묘한 스타일로 파도가 되니
멋스런 흔적마다
솟아나는 사랑이어라

이서영

파라다이스

불타는 여름이 지나면
스산한 바람에 옷깃을 스치며
가을이 온다는 것
모두가 알고 있으니
다홍색 호리병을
준비 하고 있다

여름날
잔물결의 파문으로
태풍이 되지 않는다는 것
모두가 알고 있으니
어부들은 바다로 나가
고기를 잡는다

그대여
당신의 미소로 피어나는
미로에 갇힐지라도
부디 가시라도 있다면
찌르지 않도록 꽃이 되어
평화롭게 하시길

*파라다이스 : 걱정이나 근심이 없이 행복을 누릴 수 있는 곳

이런 날엔

하늘거린 나뭇잎이
바람을 타고 뒹구는
어느 날
붉게 물든 낙엽을
마음 속 책갈피 삼아
그 옛날 가을 속으로
톱니바퀴 돌아가 듯
젊은 날의 흔적이
펼쳐진다

두근거린 마음은
사랑 이야기로
곱게 물들고
이런날엔
오늘도 그날처럼

이서영

천상의 보물상자

하얀 눈이 사뿐히 내려앉은
햇살이 은빛날개로
눈부시게 쏟아지는 아침
잊혀가는 기억들이
찻잔 속에 향기가 되고
쏟아지는 흔적이
미소로 번져간다
그대도 기억 하는지!
내 눈에 새겨지는
진한 커피 향기를
잊혀가는 기억들이
하얀 눈이 되어
가슴에 새겨 진다

때로는 빗방울 되어
햇빛에 반짝이는
보석 상자에
마법처럼 다가와
달콤한 꿈이 되겠지
오늘도 전설 속의
꿈꾸는 젊은 날의 스토리로
문이 열린다

그댄 내 입술의 꿀

잿빛 하늘에 천둥과 번개에 놀라
하늘 문을 열고 지상으로 내려오는
그댄 땅을 적시고 강을 따라
바다의 왕이 되어
무지개를 타고
내 입술에 감미로운 전율로
머리에서 발끝까지 활력주시니
내 심장에 세포가 솟아나더라
그댄
나의 얼굴에 눈물을 씻어주시고
타들어 가는 목구멍에 생명수 되니
달콤한 입김으로 든든한 기둥이 된다
구름을 타고 내려오는 그댄
오늘도 찻잔 속의 물이 되어
내 입술에 달콤한 키스를 한다

이서영

가을 속의 책갈피

가을이 머무른 한 모퉁이
빨간 우체통을 볼 때마다
낡은 기억 속의 빛바랜 먹빛이
갈바람에 채색으로 번진다

학창시절의 설렌 마음으로
밤새워 썼던 꽃편지를
빨간 우체통 꽃잎 속에
사뿐히 띄워 보내고
가을 빛깔 답장을 기다렸던
흐릿한 옛 생각이
가을 바람에 곱게 물들어 간다

오늘 나는 컴퓨터를 종료 시키고
진한 먹빛의 꽃편지를 써서
아무도 찾지 않는
빨간 우체통의 기억을
가슴에 담아 앨범 속의
시간 여행을 해 본다

나의 삶 가꾸기

북풍이 불어오는 겨울 날
햇살은 모래 알갱이부터
태산의 아픔까지 살피시는
든든한 버팀목이 되었다

바야흐로
번쩍이는 번갯불처럼 다가와
시들어 가는 꽃잎에 기를 채우고
힘을 내라고 응원 하신다

나는 오늘도 햇살 따라
부지런히 일하고
손과 발을 다스려
바른 길을 걷는다

이서영

창작동네 시인선 185

느낌

인　쇄 : 초판인쇄 2024년 10월 10일
지은이 : 이서영
펴낸이 : 윤기영
편집장 : 정설연
디자인 : 정설연
펴낸곳 : 노트북 출판사_ 등록 : 제 305-2012-000048호
본　사 : 서울시 동대문구 사가정로 256-4호 나동B101
전　화 : 070-8887-8233 팩시밀리 02-844-5756 HP : 010-8263-8233
이메일 : hdpoem55@hanmail.net
판　형 : 신한국판형 P128 130-210

2024. 10_느낌_이서영 제5집

정 가 : 10.000원

ISBN : 979-11-88856-88-6-03810

*저자와의 협의로 인지는 생략합니다.
*잘못된 책은 교환해 드립니다.